ESSAI
SUR
LE-JEU
DES ECHECS.

Où l'on donne quelques Regles, pour le bien jouer, & remporter l'Avantage par des coups fins, & ſubtils, que l'on peut appeller les ſecrets de ce jeu

par un Natif d' Alep en Syrie.

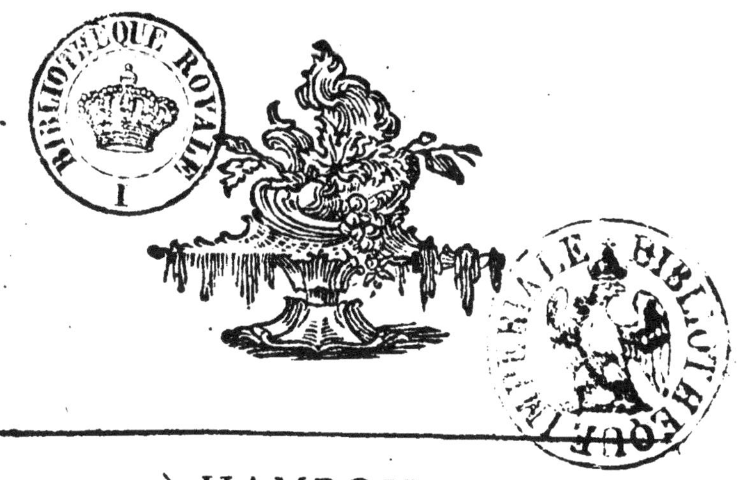

à HAMBOURG,
Chez BOUCHENROEDER & RITTER,
1770.

A SON

EXCELLENCE

MONSEIGNEUR

LE COMTE

CONRAD GUILLAUME D'AHLFELD,

COMTE DE LANGELAND ET DE RIXINGEN, CHEVALIER DE L'ORDRE DE L'ELEPHANT, GENERAL DE CAVALERIE,

CHAMBELLAN,

GOUVERNEUR DE LA RESIDENCE ROYALE DE COPENHAGUE ET DE LA CITADELLE DE CHRISTIANSHAVEN,

ETC. ESC. ETC.

Monseigneur

Le Jeu des Echecs a toujours été regardé comme une Image de la Guerre, & un amusement digne d'un Grand Capitaine. Les plus Grands Hommes y ont cherché le délassement dont ils avoient besoin.

Autant Votre Excellence s'est Elle distinguée dans les Armées & à la tête du Departement de la Guerre, autant excelle-t-Elle à jouer ce Roi des jeux. Ses decisions sont des Loix, & Ses coups des modelles pour les autres joueurs.

C'est là, Monseigneur, l'unique raison qui me fait prendre la liberté de dedier ce petit Traité à Votre Excellence, & de le mettre sous Sa protection. Si entre le grand nombre de traits nouveaux, hardis, fins, delicats, bien executés qu'il renferme, il y en a quelques uns que Votre Excellence trouve dignes de Son attention, l'Ouvrage ne peut manquer de plaire, & d'avoir tout le succès desiré.

J'ai l'honneur d'être avec respect

Monseigneur

De Votre Excellence

à Hambourg, le 2. May. 1770.	*Le très humble & très obeïssant Serviteur*

Jean Nicolas Charles Bouchenroeder.

PRE-

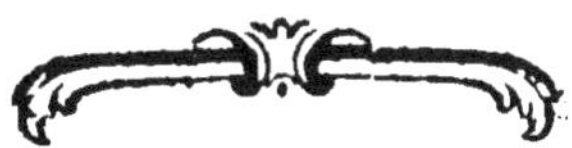

PRÉFACE.

Quoique l'on ne ſache pas au vrai dans quel païs de l'Orient le jeu des Echecs a été inventé, il eſt néanmoins très vraiſemblable que c'eſt dans l'Arabie-Heureuſe, qu'il a été perfectioné; car premiérement tous les termes du jeu & le mot d'Echec même derivent de l'Arabe, comme auſſi les noms de la plupart des piéces avec lesquelles on joue. Pour la deuxième c'eſt le jeu favori de ce païs-là, & de la Syrie, mais ſurtout à Alep: auſſi eſt-ce là que ſe voyent tant d'habiles joueurs, & j'oſe dire qu'il n'y en a guéres en Europe qui leur puiſſent être comparés. Une autre raiſon de cela, c'eſt que dans ce païs les joueurs ſe laiſſent conſeiller, et choiſiſſent prèsque toûjours chacun un ſecond, au lieu que dans l'Europe

 chacun

chacun veut jouer ſeul, & à ſa fantaiſie, & ne veut pas qu'on parle ſur ſon jeu. Cependant il ſemble qu'il y a autant de difference entre ces deux manières, qu'entre deux Voyageurs, dont l'un a un guide, et l'autre n'en a point.

Ces raiſons jointes aux exhortations de pluſieurs de mes amis joueurs d'Echecs, m'ont engagé à mettre au jour les cent parties, qui doivent être regardées comme autant de ſecrets de ce jeu. Oûtre leur nouveauté et leur beauté, le foible joueur y apprendra non ſeulement à calculer ſes coups, en quoi conſiſte toute la difficulté, & à ſauver même un jeu deſesperé; je veux dire qu'après un calcul juſte & prudent, il ſçaura ſacrifier quelques piéçes, & ſouvent la Dame même ſi à propos, qu'il gagnera la partie, qui ſembloit perduë. A l'égard des connoiſſeurs oûtre la beauté qu'ils remarqueront dans ces coups ſecrets, & comme enveloppés, ils y apprendront à ſacrifier des piéçes à propos, & y acqueront la même hardieſſe & la même addreſſe que s'ils jouoient d'excellens joueurs.

Au reſte il ne faut pas s'imaginer que ces cent parties ſoient des cas rares, car dans les parties ordinaires que j'ai jouées, il s'eſt

tous

tous les jours presenté des pareilles situations, & ce ne sont que des resultats de quelques parties, qui m'avoient le plus embarrassé. Il y en a même que j'avois abandonnées, mais que je mettois par écrit sur le champ, pour y réver à loisir, & je decouvrois le moyen de les gagner. Tous les jours il s'en presente de pareilles, ou du moins si approchantes, qu'en s'y prenant de la manière que j'enseigne ici, on y remarquera des effets surprenans, & l'on en deviendra beaucoup plus fecond en Idées pour calculer juste, et pour juger de la réussite d'une partie, ensorte que deux joueurs égaux un peu habiles, pourront après que la partie est à un certain point, la decider tout d'un coup. Car ils n'auront qu'à calculer, & ils trouveront ou la possibilité, ou l'impossibilité de la finir. Si la chose est impossible, on l'abandonne, s'il y a moyen de le gagner, on le gagnera tout d'un coup. Au lieu que, si l'on n'avoit pas calculé par avance, on auroit pu être très long-tems à la finir, ou bien quelque coup joué de part ou d'autre, auroit pu rendre cette manière de jouer impracticable.

Pour ce qui est de l'ouvrage du Calabrois sur ce jeu, qu'il appelle Gambette, personne

ſonne ne voudroit jouer de la ſorte, à moins qu'il ne vouloit perdre, & avec un mot, elle ne vaut rien.

Je prie le Lecteur de jetter d'abord les yeux ſur la figure qui eſt ici placée, & qui ſert de clef à cette Livre. Je me flatte qu'après l'avoir examinée, avec l'explication qui la ſuit, il conviendra que ma methode eſt tout enſemble, & la plus naturelle, & la plus facile qui ait encore paruë.

Si cet Eſſai peut plaire, j'en laiſſe juger le monde. Je ſuis &c.

N. N.

Figure

pour l'Arrangement des Piéces.

8			A 8					
7			C. 7.		P. 7.	B. 7.		
6	A. 6.			P. 6				
5								
4			P. 5.					
3								
2	Pion	Pion.	Pion.	Pion.	Pion.	Pion.	Pion.	Pion.
1	La Tour	Le Cav.	Le Fol.	La Rein.	Le Roi.	Le Fol.	Le Cav.	La Tour
	A.	B.	C.	D.	E.	F.	G.	H.

EX-

EXPLICATION
DE LA
FIGURE POUR L'ARRANGEMENT DES PIECES.

La Figure que l'on explique ici, repréſente l'Echiquier poſé dans la ſituation ordinaire.

La Tour qui eſt à la main gauche, eſt deſignée par la Lettre A.

A la main gauche le Cavalier eſt deſigné par B.

Le Fol par C.

La Dame par D.

A la droite, le Roi eſt deſigné par E.

Le Fol par F.

Le Cavalier par G.

La Tour par H.

Lorsque vous verrez quelques unes de ces huit lettres ſur quelque caſe que ce ſoit de l'Echiquier, vous ſçaurez quelle piéce chacune d'elles repréſente, la Figure repréſentant un Echiquier.

Voyez par Exemple, la premiére partie de cet eſſai.

Nom. 1. et vous y trouverez la ſituation des noires A. C. 8. La lettre A comme on vient de le dire, ſignifie la Tour de la gauche. Portez cette Tour à la place marquée par un C. qui deſigne le Fol de la gauche, montez enſuite de là en droite ligne jusqu' à la huitième caſe incluſivement, vous y placerez vôtre Tour. Vous trou-

trouvez après dans cet ouvrage B. F. 7. vous ſçavez que B. marque que c'eſt le Cavalier de la gauche. Portez le ſur la place où eſt la lettre F. qui eſt celle du Fol de la droite, vous monterez de cette caſe jusqu'à la ſeptième incluſivement où vous poſerez votre Cavalier. Voyez dans l'ouvrage C. C. 7. La Lettre C. deſigne le Fol de la gauche, portez le ſur ſa caſe, ou à ſa place, où ſe trouve la lettre C. de là mettez vôtre Fol à la ſeptième caſe incluſivement qui eſt en ligne directe vis à vis du C. Obſervez qu'il faut toûjours compter la caſe ordinaire de la piéce incluſivement.

Ceci doit ſuffire pour vous conduire dans l'arrangement de toutes vos piéces principales. Il reſte à vous expliquer de quelle manière il faut que vous placiez les Pions.

Le Pion eſt deſigné par la lettre P. voyez dans ce livre C. 5. portez un Pion noir ſur la caſe C. comptez de là en montant en ligne droite jusqu'à la cinquième caſe, vous y placerez vôtre Pion noir.

Vous trouverez enſuite D. 6. prenez un autre Pion noir, mettez le à la place marquée D. Comptez les caſes en ligne droite, & le poſez à la ſixième. Vous trouverez tout de ſuite E. 7. mettez encore un pion noir ſur la caſe E. montez en ligne droite, & placez le à la ſeptième caſe, & ainſi du reſte.

Lorsque vous aurez placé toutes vos piéces, & vos Pions noirs, il faudra placer les piéces blanches de la même manière.

A l'égard de leur ſituation vous trouvez A. A. 6. La lettre A. deſigne la Tour de la gauche, poſez le le ſur la caſe A. montez de là en ligne droite jusqu'à la ſixième caſe: poſez là vôtre Tour blanche. Vous placerez de même toutes vos piéces jusques à ce que vous trouviez les Pions blancs, que vous arrangérez comme vous avez arrangé les noirs.

Lorsque vous aurez placé toutes vos piéces dans la ſituation ci-devant marquée, vous croirez d'abord que les blanches perdront, mais éxaminez bien le jeu, & tachez d'y apporter remède, ſi vous ne le pouvez, ayez recours au livre, il vous apprendra comment il faut s'y prendre: vous y verrez que par ces termes: Le Jeu, on denote la manière de jouer.

L'Echec au Roy y eſt marqué par une Croix. †.

Vous y trouverez donc, blanc D. D. 7. †. on a dit ci-devant que la lettre D. deſigne la Dame, prenez la Dame blanche, comptez depuis la Lettre D. qui eſt ſa place ordinaire, toutes les caſes jusqu'à la ſeptième incluſivement & placez, là votre Dame il ſemble que vous l'ayez donnée pour rien.

Ayez recours au Livre, pour y voir ce que celui qui a les piéces noires doit jouer, vous y trouverez, noir E. D. 7. La Lettre E, on le repete, deſigne le Roi. Vous prendrez donc le Roi noir, vous compterez depuis la Lettre D, toutes les caſes en Ligne droite, jusqu'à la ſeptième, où vous le poſerez, en prenant la Dame blanche. Recourez au livre, où vous trouverez de quelle manière il faut ſe conduire, jusqu'à ce que la partie ſoit finie: vous y verrez avec quelle ſubtilité & quelle fineſſe les blanches remporteront l'avantage ſur les noires: Ce qui vient d'être ex-

expliqué, paroit suffire, pour comprendre aisement de quelle façon on doit agir dans tout le reste des opérations et de l'Action.

Cependant il est bon de remarquer encore que pour mieux faciliter l'execution de cette Methode, il n'est besoin que de compter toujours, du même coté de l'Echiquier, soit en plaçant les blanches, soit en plaçant les noires, parceque cela est égal pour les unes, comme pour les autres.

Tout le monde sçait, que lorsqu'un Pion a la gloire de parvenir à la huitième Case, il devient pour sa recompense, ou une Dame, ou telle autre piéce considérable que l'on veut, étant permis à celui qui a dirigé si prudemment la marche de ce pion de le metamorphoser en telle piece que bon lui semble. C'est ce que j'ai crû devoir marquer dans le Livre de la manière suivante.

Lorsque vous voyez, par exemple P. A. 8. D. on sait que la Lettre P. signifie un pion, que la D. signifie la Dame, lorsqu'un pion est arrivé heureusement porté sur la huitième case, qui étoit le terrain qu'occupoit son adversaire, il devient donc une Dame, & commence alors à être designé par la lettre D. Quelquefois au lieu de la lettre D. vous voyez la lettre B, ce qui signifie que votre pion est devenu un Cavalier, au lieu d'avoir été changé en Dame, parce que quelques fois on aime mieux avoir un Cavalier, qu'une Dame, comme vous le verrez dans mon jeu.

J'ai laissé il est vrai, quelques unes des parties, sans qu'elles fussent finies : mais j'ai toujours fait voir de quelle manière il faut s'y prendre, pour se tirer d'embarras ; mais encore de quelle manière il faut se conduire pour remporter un avantage

tage si considérable, que l'on soit sur du gain de la partie, même avec facilité.

Dans quelques-unes de ces parties que l'on peut jouer de plusieurs façons, en ce qui regarde la maniére de se defendre, on la trouvera dans le livre, marquée par ces termes: Autre manière de jouer, ou autre manière de se defendre: mais de toutes les façons, la partie se trouve toujours gagnée forcement.

La Raison qui m'engage à ne plus achever quelques parties, c'est qu'il y a plusieurs manières de les finir avec succès. Il suffit donc que je donne les moyens de se tirer d'embarras, & de remedier si bien à un jeu delabré, qu'un joueur très mediocre ne pourra manquer de gagner la partie.

Je mettrai encore quelques maximes generales, qui m'ont paru les plus nécessaires, & les plus utiles pour bien conduire son jeu.

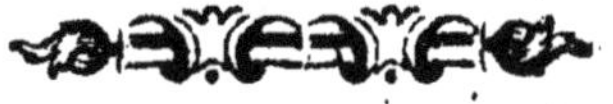

RE-

REGLES GENERALES,

Qui doivent être obſervées, et ſuivies par tous les Joueurs d'Echecs, pour bien conduire ſes piéces, et pour connoitre les Coups ſubtils, ou les piéges qu'on ſe dreſſe l'un à l'autre.

1) La manière la plus ſure et la plus prudente de jouer, eſt de pouſſer vos pions avant vos pieces, à l'exception de deux ou trois, que vous reſervez pour la garde du roi, enſuite vous faites ſortir vos piéces, de manière que l'une ſoutienne l'autre, puis vous conſiderez par où il faut attaquer.

2) Il faut toûjours avoir ſoin, de ne pas mettre vos piéces ſur une Caſe où votre Adverſaire peut pouſſer un Pion contre, à moins que vous n'ayez vû auparavant que vous pouvez en tout cas avancer votre piece à une meilleure place, autrement vous ſerez obligé de reculer votre piéce, ce qui vous retarderoit de beaucoup. J'ai vu des Joueurs faire ſauter et danſer un Cavalier ou un Fou, par exemple tout à l'entour de l'Echiquier et en pouſſant toûjours des pions contre cette piéce, elle ſe trouvoit ſouvent enfermée dans le jeu de l'autre, ſi bien qu'elle étoit perdue forcement pour rien, ou tout au plus pour un pion, après quoi l'adverſaire de celui qui a été ainſi forcé, s'aperçoit des vuës de l'autre, et il eſt lui dans la ſuite ſouvent impoſſible de former

aucun dessein, et par consequent de gagner la partie, c'est donc perdre du tems mal à propos.

3) Avant de jouer une piéce, examinés avec attention, si l'on n'a rien à faire contre vous, à fin de pouvoir bien assûrer vos piéces contre les surpris.

4) Mais si vous ne vous appercevez de rien, vous chercherez par où attaquer.

5) Il faut toûjours avoir soin, de ne vous jamais exposer à recevoir des Echecs au Roi, ou à la Dame à decouvert. Car quand vous vous trouverez dans cette situation, quoiqu'il y eut des piéces, ou des pions à prendre pour rien, il ne faut pas risquer de le faire avant que de ranger votre Roi, ou votre Dame.

6) Il ne faut prendre un pion qui est vis à vis de votre Roi, avec un fou ou quelque autre piéce, parceque votre adversaire profite de l'occasion pour placer sa Tour ou la Dame devant, et vous ne pourrez plus la retirer sans la perdre, parceque vous ne scauriez exposer votre Roi. On perd souvent des piéces par cette façon de jouer.

7) Quelque fois aussi, pour avoir eloigné votre Dame de votre jeu, pour aller prendre un pion, votre adversaire profite de l'occasion, pour avancer dans ce tems là sa Dame, et vous donne échec en prenant vos piéces, ou quelquefois un échec perpetuel, et remet la partie.

9) Il

8) Il ne faut pas non plus manquer l'occasion de roquer, quand même vous ne ſcauriez le faire, qu'en perdant un pion. Il ne faut pas donc quelquefois prendre garde à cette perte, car il vaut bien mieux avoir un pion, ou même une piéce de moins, avec une bonne ſituation, que d'avoir une piéce de plus, et d'être en mauvaiſe ſituation, c'eſt dequoi aucun joueur d'Echecs ne diſconviendra.

9) Il faut toûjours être bien ſur vos gardes, lorsque quelque joueur vous donne des piéces à prendre pour rien, car c'eſt ou dans le deſſein d'avoir de meilleures piéces de vous, ou de vous donner Echec et Matte, et c'eſt ce qui ſe pratique très ſouvent parmi les bons joueurs en Arabie.

10) Voilà à peu près tout ce qui regarde les regles génerales pour les Echecs, il n'y a point de regles particulieres, puisque chaque partie peut être jouée de cent manières differentes, de ſe defendre, et d'atraquer ſuivant la Capacité de chaque joueur.

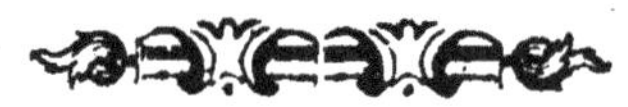

1. Partie.

Situation des piéces noires.

A. C. 8. B. F. 7. C. C. 7. D. E. 3. E. D. 8. F. A. 8. H. E. 8.
Pions noires. C. 5. D. 6. E. 7. F. 5. G. 3. H. 4.

Situation des piéces blanches.

A. A. 6. B. A. 4. D. E. 6. E. F. 1. F. D. 1. G. B. 3.
Pions blanches. D. 4. E. 5. F. 4. G. 2. H. 3.

Le Jeu.

Les Blancs		Les noires
	D. D. 7. †	E. D. 7.
	B. C. 5. †	P. C. 5.
	G. C 5. †	E. D. 8.
	G. E. 6. †	E. D. 7.
	F. A. 4. †	F. C. 6.
	F. C. 6. †	E. E. 6.
	P. D. 5. matte.	

2me Partie.

Situation des piéces noires.

A. C. 8. B. F. 7. C. C. 7. D. E. 3. E. D. 8. F. A. 8. H. E. 8.
Pions noires. C. 5. D. 6. E. 7. F. 5. G. 3. H. 4.

Situation des piéces blanches.

A. A. 6. B. A. 4. D. E. 6. E. F. 1. F. D. 1. G. B. 3.
Pions blanches. D. 4. E. 5. F. 4. G. 2. H. 3.

Le Jeu.

Les Blancs		Les noirs
	D. D. 7. †	E. D. 7.
	B. C. 5. †	E. D. 8.
	B. E. 6. †	E. D. 7.
	G. C. 5. †	P. C. 5.
	F. A. 4. †	F. C. 6.
	F. C. 6. †	E. E. 6.
	P. D. 5. matte.	

3me Partie.

Situation des Piéces noires.

A. A. 8. B. B. 8. D. H. 3. E. H. 8. G. F. 2. H. F. 8.
Pions noires A. 5. B. 6. F. 6. G. 3. G. 7. H. 7.

Situation des Piéces blanches.

A. C. 1. B. C. 6. D. B. 3. E. G. 1. G. E. 5. H. C. 4.
Pions blanches A. 3. B. 4. E. 3. F. 3.

Le Jeu.

Les Blancs	H. H. 4.	Les noires	D. H. 4.
	D. G. 8. †		E. G. 8.
	B. E. 7. †		E. H. 8.
	G. F. 7. †		H. F. 7.
	A. C. 8. † matte.		

Autre manière.

Les Blancs	H. H. 4.	Les Noires	D. F. 5.
	P. E. 4.		D. G. 5.
	D. G. 7. †		

4me Partie.

Situation des Piéces noires.

A. A. 8. B. B. 8. D. H. 3. E. H. 8. G. F. 2. H. F. 8.
Pions noires: A. 5. B. 6. F. 6. G. 3. G. 7. H. 7.

Situation des Piéces blanches.

A. C. 1. B. C. 6. D. B. 3. E. G. 1. G. E. 5. H. C. 4.
Pions blanches. A. 3. B. 4. E. 4. F. 3.

Le Jeu.

Les Blancs.	H H. 4.	Les noires	D. F. 5.
	P. E. 4.		G. H. 3. †
	E. G. 2		G. F. 4. †
	H. F. 4		D. F. 4.
	D. G. 7. †		

5me Partie.

Situation des piéces noires.

A. C. 8. B. G. 4. D. H. 3. E. A. 8. F. F. 5. H. H. 7.
Pions noires A. 7. B. 7. E. 4. F. 7. G. 6.

Situation des piéces blanches.

A. D. 1. B. D. 5. C. D. 2. D. E. 3. E. G. 1.
Pions blanches. B. 5. C. 4. F. 2. G. 3.

Le Jeu.

Les Blancs.		Les noires	
	D. A. 7. †		E. A. 7.
	A. A. 1. †		F. B. 8.
	C. F. 4. †		A. C. 7.
	C. C. 7. †		E. C. 8.
	A. A. 8. †		E. D. 7.
	A. D. 8. †		E. E. 6.
	A. E. 8. †		E. D. 7.
	A. E. 7. †		E. C. 8.
	B. B. 6. matte.		

6me Partie.

Situation des piéces noires.

B. D. 6. D. H. 3. E. B. 8. F. B. 7. G. H. 4.
Pions noires. A. 7. B. 6. C. 7. G. 6. H. 7.

Situation des piéces blanches.

A. F. 1. B. B. 4. D. G. 2. E. H. 1.
Pions blanches. A. 5. B. 5. G. 4. H. 2.

Le Jeu.

Les Blancs.		Les noires	
	A. F. 8. †		B. C. 8.
	D. B. 7. †		E. B. 7.
	P. A. 6. †		E. B. 8.
	B. C. 6. †		E. A. 8.
	A. C. 8. matte.		

7me Partie.

Situation des piéces noires.

A. H. 4. E. D. 6.

Situation des piéces blanches.

A. A. 7. E. D. 8. H. C. 5.

Le Jeu.

Les Blancs.		Les noires	
	H. H. 5. †		A. H. 5.
	A. A. 6. †		E. E. 5.
	A. A. 5. †		E. F. 4.
	A. H. 5. matte.		

8me Partie.

Situation des piéces noires.

A. A. 6. B. H. 7. E. E. 5. H. G. 6.
Pions noires. D. 6. E. 4.

Situation des piéces blanches.

A. D. 1. B. F. 2. E. F. 7. H. F. 1.
Pion blanche G. 3.

Le Jeu.

Les Blancs		Les noires	
	H. G. 4. †		H. G. 4.
	H. F. 5. †		E. F. 5.
	A. D. 5. matte.		

10me Partie.

Situation des Piéces noires.
A. D. 7. B. B. 6. C. F. 6. D. H. 3. E. A. 8.
Pions noires. A. 7. B. 7. F. 3. G. 4.

Situation des Piéces blanches.
A. E. 1. B. B. 5. D. F. 4. E. G. 1.
Pions blanches F. 2. G. 3.

Le Jeu.

Les Blancs.		Les noires	
	A. E. 8. †		C. D. 8.
	A. D. 8. †		A. D. 8.
	B. C. 7. †		E. B. 8.
	B. A. 6. †		E. A. 8.
	D. B. 8. †		A. B. 8.
	B. C. 7. matte.		

11me Partie.

Situation des Piéces noires.
A.C.8. B.D.7. C.F.6. D.C.3. E.D.8. G.G.8. H.H. 2.
Pions noires. A. 3. B. 4. C. 7. E. 7. G. 7.

Situation des Piéces blanches.
A. A. 7. B. D. 4. D. F. 4. E. B. 1. F. A. 4. H. D. 1.
Pions blanches. A. 2. B. 3. C. 4. F. 5. G. 3.

Le Jeu.

Les Blancs.		Les noires	
	D. C. 7. †		A. C. 7.
	A. A. 8. †		A. C. 8.
	B. E. 6. †		E. E. 8.
	A. C. 8. †		E. F. 7.
	A. F. 8. †		B. F. 8.
	B. D. 8. matte.		

12me Partie.

Situation des Piéces noires.
A.C.8. B.D.7. C.F.6. D.C.3. E.D.8. G.G.8. H.H.2.
Pions noires A. 3. B. 4. C. 7. E. 7. G. 7.
Situation des Piéces blanches.
A. A. 7. B. D. 4. D. F. 4. E. B. 1. F. A. 4. H. D. 1.
Pions blanches A. 2. B. 3. F. 5. G. 3.

Le Jeu.

Les Blancs		Les noires	
	D. C. 7. †		A. C. 7.
	A. A. 8. †		B. B. 8.
	A. B. 8. †		A. C. 8.
	B. E. 6. matte.		

13me Partie.

Situation des Piéces noires.
A. C. 8. B. F. 6. C. F. 8. D. H. 3. E. B. 8. H. H. 8.
Pions noires A. 7. B. 7. D. 6. E. 7. F. 3. G. 4.
Situation des Piéces blanches.
A. C. 3. B. D. 5. D. E. 3. E. G. 1. F. C. 2. H. E. 1.
Pions blanches B. 5. F. 2. G. 3.

Le Jeu.

Les Blanches		Les noires	
	D. A. 7. †		E. A. 7.
	H. A. 1. †		E. B. 8.
	H. A. 8. †		E. A. 8.
	A. C. 8. †		E. A. 7.
	P. B. 6. †		E. A. 6.
	F. D. 3. †		E. A. 5.
	A. A. 8. matte.		

14me Partie.

Situation des Piéces noires.

A. B. 8. E. A. 8. F. F. 3. H. H. 5.
Pions noires A. 7. B. 5. E. 2.

Situation des Piéces blanches.

A. C. 7. B. D. 5. E. G. 1. F. A. 6.
Pions blanches C. 6. F. 2. G. 3.

Le Jeu.

Les Blancs		Les noires
	F. B. 7. †	A. B. 7.
	A. C. 8. †	A. B. 8.
	B. C. 7. matte.	

15me Partie.

Situation des Piéces noires.

A. G. 2. B. G. 3. C. D. 8. E. C. 7. H. H. 2.
Pions noires B. 7. C. 5. D. 6. F. 3.

Situation des Piéces blanches.

A. A. 8. B. C. 4. E. E. 1. F. A. 4. H. B. 1.
Pions blanches D. 5. F. 4.

Le Jeu.

Les Blancs		Les noires
	H. B. 7. †.	E. B. 7.
	F. C. 6. †.	E. C. 7.
	A. A. 7. †	E. B. 8.
	A. B. 7. †	E. A. 8.
	A. D. 7. †	E. B. 8.
	A. D. 8. †	E. C. 7.
	A. D. 7. †	E. B. 8.
	A. B. 7. †	E. C. 8.
	B. D. 6. †	E. D. 8.
	A. D. 7. matte.	

16me

16me Partie.

Situation des Piéces noires.

A. G. 2. B. G. 3. C. D. 8. E. C. 7. H. H. 2.
Pions noires B. 7. C. 5. D. 6. F. 3.

Situation des Piéces blanches.

A. A. 8. B. C. 4. E. E. 1. F. A. 4. H. B. 1.
Pions blanch , D. 5. F. 4.

Le Jeu.

Les Blancs		Les noires	
	H. B. 7. †		E. B. 7.
	F. C. 6. †		E. C. 7.
	A. A. 7. †		E. C. 8.
	B. D. 6. †		E. B. 8.
	A. B. 7. †		E. A. 8.
	A. B. 6. †		E. A. 7.
	B. C. 8. matte.		

17me Partie.

Situation des Piéces noires.

A. A. 8. B. F. 8. D. F. 2. E. B. 8. C. H. 4. H. G. 3.
Pions noires A. 7. B. 6. C. 7. D. 7.

Situation des Piéces blanches.

A. E. 7. B. D. 5. D. D. 3. E. B. 1. F. F. 3.
Pions Blanches B. 3. C. 3.

Le Jeu.

Les Blancs		Les noires	
	A. E. 8. †		E. B. 7.
	D. A. 6.		E. A. 6.
	B. C. 7.		E. A. 5.
	P. B. 4.		E. A. 4.
	F. D. 1.		E. A. 3.
	B. B. 5. matte		

18me

18me Partie.

Situation des Piéces noires.
A. A. 8. B. F. 8. D. F. 2. E. B. 8. C. H. 4. H. G. 3.
Pions noires A. 7. B 6. C. 7. D. 7.
Situation des Piéces blanches.
A. E. 7. B. D. 5. D. D. 3. E. B. 1. F. F. 3.
Poins blanches B. 3. C. 3.

Le Jeu.

Les Blancs		Les noires	
	A. E. 8. †		E. B. 7.
	D. A. 6. †		E. C. 6.
	B. B. 4. †		E. D. 6.
	D. D. 3. †		E. C. 5.
	D. D. 5. matte.		

19me Partie.

Situation des Piéces noires.
A. E. 2. B. E. 5. E. C. 8. F. G. 4. H. E. 8.
Pions noires D. 6. F. 3. H. 2.
Situation des Piéces blanches.
A. B. 1. B. A. 4. C. A. 3. E. F. 1. H. G. 7.
Pions blanches F. 2. G. 3.

Le Jeu.

Les Blancs		Les noires	
	A. B. 8. †		E. B. 8.
	C. D. 6. †		E. C. 8.
	B. B. 6. †		E. D. 8.
	C. C. 7. matte.		

20me Partie.

Situation des Piéces noires.

A. A. 8. B. B. 3. D. F. 3. E. B. 8. F. G. 4. G. C. 7.

Pions noires A. 7. B. 7. F. 5. H. 2.

Situation des Piéces blanches.

A. D. 7. B. B. 5. D. B. 4. E. F. 1.

Pions blanches C. 4. D. 5. F. 2. G. 3.

Le Jeu.

Les Blancs	A. D. 8. †	Les noires	E. B. 7.
	B. D. 6. †		E. A. 6.
	D. A. 4. †		B. A. 5.
	D. B. 5. †		G. B. 5.
	P. B. 5. matte.		

21me Partie.

Situation des Piéces noires.

E. B. 1.

Pions noires A. 3.

Situation des Piéces blanches

A. E. 4. E. D. 5.

Le Jeu.

Les Blancs	E. C. 4.	Les noires	P. A. 2.
	E. B. 3.		P. A. 1.
	A. E. 1. matte.		

Autre maniere.

Les Blancs	E. C. 4.	Les noires	P. A. 2.
	E. B. 3.		P. A. 1.
	E. C. 3.		B. C. 2.
	A. E. 2.		B. A. 3.
	E. B. 3.		B. C. 2.
	A. C. 2. matte.		

22me

22me Partie.

Situation des Piéces noires.

E. B. 1.
Pions noires A 3.

Situation des Piéces blanches.

A. E. 4. E. D. 5.

Le Jeu.

Les Blancs		Les noires	
	E. C. 4.		P. A. 2.
	E. B. 3.		P. A. 1.
	E. C. 3.		B. C. 2.
	A. E. 2.		B. A. 1.
	A. F. 2.		E. C. 1.
	A. F. 1. matte.		

23me Partie.

Situation des Piéces noires.

A. C. 8. B. C. 7. D. H. 3. E. B. 8. F. F. 3. G. G. 7. H. H. 7.
Pions noires A. 7. B. 7. F. 5. G. 4.

Situation des Piéces blanches.

A. D. 2. B. D. 5. C. F. 4. D. A. 4. E. G. 1. H. E. 1.
Pions blanches C. 5. F. 2. G. 3.

Le Jeu.

Les Blancs		Les noires	
	C. C. 7.		A. C. 7.
	D. A. 7.		E. A. 7.
	H. A. 1.		E. B. 8.
	H. A. 8.		E. A. 8.
	B. B. 6.		E. B. 8.
	A. D. 8.		E. A. 7.
	A. A. 8. matte.		

24me Partie.

Situation des Piéces noires.

A.H.8. B.E.8. E.G.7. D.H.6. E.B.8. F.B.7. G.F.4.

Pions noires A.7. B.6. C.7. E.3. F.6. G.6.

Situation des Piéces blanches.

A.D.1. B.B.4. C.E.1. D.C.2. E.G.1. F.B.1. G.F.2.

Pions blanches A.4. B.3. E.2. F.3. G.4.

Le Jeu.

Les Blancs		Les noires
B. C. 6. †		F. C. 6.
A. D. 8. †		E. B. 7.
D. C. 6. †		E. C. 6.
F. E. 4. †		E. C. 5.
B. D. 3. †		G. D. 3.
A. D. 5. †		E. C. 6.
A. D. 3. †		E. C. 5.
P. B. 4. †		E. C. 4.
F. D. 5. matte.		

25me Partie.

Situation des Piéces noires.

A.H.8. B.E.8. C.G.7. D.H.6. E.B.8. F.B.7. G.F.4.

Poins noires A.7. B.6. C.7. E.3. F.6. G.6.

Situation des Piéces blanches.

A.D.1. B.B.4. C.E.1. D.C.2 E.G.1. F.B.1. G.F.2.

Pions blanches A.4. B.3. E.2. F.3. G.4.

Le Jeu.

Les Blancs		Les noires
B. C. 6.		F. C. 6.
A. D. 8.		E. B. 7.
D. C. 6.		E. C. 6.
F. E. 4.		G. D. 5.
F. D. 5.		E. C. 5.
G. E. 4.		E. D. 4.
C. C. 3. matte.		

26me

26me Partie.

Situation des Piéces noires.

A. C. 8. B. F. 5. C. B. 6. D. H. 3. E. A. 8. H. H. 7.
Pions noires A. 7. F. 3. G. 4.

Situation des Piéces blanches.

A. A. 1. B. B. 5. C. G. 3. D. F. 4. E. G. 1. F. D. 3.
Pion blanche F. 2.

Le Jeu.

Les Blancs	F. E. 4. †	Les noires	H. B. 7.
	D. B. 8. †		A. B. 8.
	A. A. 7. †		C. A. 7.
	B. C. 7. matte.		

27me Partie.

Situation des Piéces noires.

A. A. 7. B. A. 6. D. F. 2. E. A. 8. G. F. 3. H. C. 7.
Pions noires A. 5. B. 6. E. 7. F. 6. G. 4.

Situation des Piéces blanches.

A. D. 1. B. C. 3. C. F. 4. D. A. 4. E. H. 1. G. F. 8.
Pions blanches A. 3. B. 2. E. 3. G. 3.

Le Jeu.

Les Blancs	A. D. 8. †	Les noires	B. B. 8.
	D. C. 6. †		A. B. 7.
	A. B. 8. †		E. B. 8.
	G. D. 7. †		E. C. 8.
	G. B. 6. †		E. D. 8.
	C. C. 7. †		A. C. 7.
	D. A. 8. †		A. C. 8.
	D. C. 8. matte.		

28me

28me Partie.

Situation des Piéces noires.

A. A. 7. B. A. 6. D. F. 2. E. A. 8. G. F. 3. H. C. 7.
Pions noires. A. 5. B. 6. E. 7. F. 6. G. 4.

Situation des Piéces blanches.

A. D. 1. B. C. 3. C. F. 4. D. A. 4. E. H. 1. G. F. 8.
Pions blanches A. 3. B. 2. E. 3. G. 3.

Le Jeu.

Les Blancs		Les noires	
	A. D. 8. †		B. B. 8.
	D. E. 4. †		A. B. 7.
	A. D. 7. †		E. A. 7.
	D. C. 6. †		E. A. 6.
	A. C. 7. †		A. A. 7.
	D. C. 7. matte.		

29me Partie.

Situation des Piéces noires.

A. A. 7. B. A. 6. D. F. 2. E. A. 8. G. F. 3. H. C. 7.
Pions noires A. 5. B. 6. E. 7. F. 6. G. 4.

Situation des Piéces blanches.

A. D. 1. B. C. 3. C. F. 4. D. A. 4. E. H. 1. G. F. 8.
Pions blanches A. 3. B. 2. E. 3. G. 3.

Le Jeu.

Les Blancs		Les noires	
	A. D. 8. †		B. B. 8.
	D. C. 6. †		A. B. 7.
	A. B. 8. †		E. A. 7.
	B. B. 5. †		E. A. 6.
	A. A. 8. †		A. A. 7.
	B. C. 7. matte.		

30me Partie.

Situation des Piéces noires.
A. G. 7. B. E. 6. D. H. 5. E. B. 8. F. C. 8. H. H. 8.
Pions noires A. 7. B. 7. D. 3. E. 4. F. 3. G. 4.
Situation des Piéces blanches.
A. A. 2. B. B. 5. D. C. 3. E. G. 1. G. E. 5. H. A. 3.
Pions blanches B. 6. D. 2. E. 3. F. 2. G. 3.

Le Jeu.

Les blancs	G. D. 7. †	Les noires	A. B. 7.
	D. E. 5. †		D. E. 5.
	H. A. 7. †		B. C. 7.
	P. C. 7. †		A. C. 7.
	H. A. 8. matte.		

31me Partie.

Situation des Piéces noires.
A. H. 8. B. C. 7. D. H. 4. E. B. 8. G. E. 8.
Pions noires A. 6. B. 7. C. 6. F. 6. G. 5.
Situation des piéces blanches.
A. D. 7. B. B. 3. C. A. 3. D. E. 7. E. F. 1.
Pions blanches A. 4. E. 2. F. 3. G. 2.

Le Jeu.

Les blancs	A. D. 8. †	Les noires	E. A. 7.
	D. C. 5. †		P. B. 6.
	D. B. 6. †		E. B. 6.
	C. C. 5. †		E. B. 7.
	B. A. 5. † matte.		

32me Partie.

Situation des Piéces noires.
A. D. 2. C. B. 6. E. C. 6. H. H. 2.
Pions noires C. 5. D. 6. E. 3.
Situation des Piéces blanches.
A. B. 1. B. B. 5. E. E. 1. H. E. 7.
Pions blanches C. 4. E. 6.

Le Jeu.

Les blancs H. C. 7. † Les noires C. C. 7.
B. A. 7 matte.

33me Partie.

Situation des Piéces noires.
A. F. 7. B. D. 5. E. D. 6. F. C. 6.
Pions noires E. 6. F. 5.
Situation des Piéces blanches.
B. D. 4. C. C. 3. E. D. 8. G. D. 7.
Pion blanc. F. 4.

Le Jeu.

Les blancs B. F. 5. † Les noires P. F. 5.
C. E. 5. † E. E. 6.
G. C. 5. matte.

34 me Partie.

Situation des Piéces noires.
A. F. 7. B. D. 5. E. D. 6. F. C. 6.
Pions noires E. 6. F. 5.
Situation des Piéces blanches.
B. D. 4. C. C. 3. E. D. 8. G. D. 7.
Pion blanc. F. 4.

Le Jeu.

Les blancs	Les noires
B. F. 5. †	A. F. 5.
C. E. 5. †	A. E. 5.
P. E. 5. matte.	

---

35 me Partie.

Situation des Piéces noires.
A. E. 2. E. A. 8. F. F. 3. H. H. 8.
Pions noires A. 7. B. 3. E. 4.
Situation des Piéces blanches.
A. B. 5. B. B. 4. E. F. 1. H. D. 7.
Pions blanches A. 6. E. 3. F. 4.

Le Jeu.

Les blancs	Les noires
A. H. 5.	F. H. 5.
B. C. 6. matte.	

Autre manière.

Les blancs	Les noires
A. H. 5.	A. C. 8.
B. C. 6. matte.	

36me Partie.

Situation des Piéces noires.
A. D. 2. B. C. 8. E. B. 8. G. D. 6.
Pions noires A. 7. F. 3. G. 3.
Situation des Piéces blanches.
A. C. 7. B. B. 4. E. G. 1. G. C. 5.
Pion blanc. C. 6.

Le Jeu.

Les blancs	A. B. 7. †	Les noires	G. B. 7.
	B. A. 6. †		E. A. 8.
	P. B. 7. matte.		

37me Partie.

Situation des Piéces noires.
A. D. 2. B. C. 8. E. B. 8. G. D. 6.
Pions noires A. 7. F. 3. G. 3.
Situation des Piéces blanches.
A. C. 7. B. B. 4. E. G. 1. G. C. 5.
Pion blanc. C. 6.

Le Jeu.

Les blancs	A. B. 7. †	Les noires	E. A. 8.
	A. B. 8. †		E. B. 8.
	B. A. 6. †		E. A. 8.
	B. C. 7. †		E. B. 8.
	G. A. 6. matte.		

38me Partie.

Situation des Piéces noires.

A. H. 7. B. D. 7. C. C. 7. D. H. 2. E. C. 6. F. C. 4. G. F. 3.

Pions noires. B. 6. D. 5. E. 5. F. 6. G. 3.

Situation des Piéces blanches.

A. A. 1. B. D. 6. D. E. 6. E. F. 1. F. E. 2. G. F. 5.

Pions blanches. A. 2. B. 2. C. 3. E. 3. G. 4.

Le Jeu.

Les Blancs.		Les noirs	
	D. D. 5. †		E. D. 5.
	F. C. 4. †		E. C. 5.
	P. B. 4. †		E. C. 6.
	F. B. 5. †		E. D. 5.
	A. D. 1. †		G. D. 2.
	A. D. 2. †		D. D. 2.
	P. E. 4. †		E. E. 6.
	F. C. 4. †		D. D. 5.
	F. D. 4. matte.		

39me Partie.

Situation des Piéces noires.

A. A. 7. B. D. 7. C. C. 7. D. H. 2. E. C. 6. F. C. 4. G. F. 3.

Pions noires. B. 6. D. 5. E. 5. F. 6. G. 3.

Situation des Piéces blanches.

A. A. 1. B. D. 6. D. E. 6. E. F. 1. F. E. 2. G. F. 5.

Pions blanc. A. 2. B. 2. C. 3. E. 3. G. 4.

Le Jeu.

Les Blancs.		Les noirs	
	D. D. 5. †		F. D. 5.
	F. B. 5. †		E. C. 5.
	P. B. 4. matte.		

40me Partie.

Situation des Piéces noires.

B. F. 3. D. E. 1. E. B. 8. F. B. 7.
Pions noires. A. 5. B. 6. C. 7. G. 4.

Situation des Piéces blanches.

B. C. 3. D. D. 7. E. G. 2. G. E. 7.
Pions blanches. D. 3. F. 2.

Le Jeu.

Les Blancs.		Les noirs	
	D. D. 8. †		E. A. 7.
	B. B. 5. †		E. A. 6.
	B. C. 7. †		E. A. 7.
	G. C. 8. †		F. C. 8.
	B. B. 5. †		E. B. 7.
	D. C. 7. †		E. A. 6.
	D. C. 8. †		E. B. 5.
	D. C. 4. matte.		

41me Partie.

Situation des Piéces noires.

B. F. 3. D. E. 1. E. B. 8. F. B. 7.
Pions noires A. 5. B. 6. C. 7. G. 4.

Situation des Piéces blanches.

B. C. 3. D. D. 7. E. G. 2. G. E. 7.
Pions blanches. D. 3. F. 2.

Le Jeu.

Les Blancs.		Les noirs	
	D. D. 8. †		E. A. 7.
	B. B. 5. †		E. A. 6.
	B. C. 7. †		E. A. 7.
	G. C. 8. †		E. B. 8.
	G. D. 6. †		E. A. 7.
	G. B. 5. matte.		

42 me Partie.

Situation des Piéces noires.

A. B. 8. B. D. 4. D. H. 3. E. B. 5. F. B. 7. H. F. 8.

Pions noires A. 6. B. 4. C. 5. D. 6. E. 7.

Situation des Piéces blanches.

A. A. 1. B. E. 3. D. D. 5. E. G. 1. H. G. 6.

Pions blanches. B. 3. C. 2. F. 2. G. 3.

Le Jeu.

Les Blancs.	Les Noirs
A. A. 5. †	E. A. 5.
D. C. 5. †	P. C. 5.
B. C. 4. †	E. B. 5.
H. B. 6. matte.	

---

43 me Partie.

Situation des Piéces noires.

A. B. 8. B. D. 4. D. H. 3. E. B. 5. F. B. 7. H. F. 8.

Pions noires A. 6. B. 4. C. 5. D. 6. E. 7.

Situation des Piéces blanches.

A. A. 1. B. E. 3. D. D. 5. E. G. 1. H. G. 6.

Pions blanches. B. 3. C. 2. F. 2. G. 3.

Le Jeu.

Les Blancs.	Les Noirs
A. A. 5. †	E. B. 6.
H. D. 6. †	P. D. 6.
B. C. 4. †	E. C. 7.
D. D. 6. †	E. C. 8.
B. B. 6. matte.	

44me Partie.

Situation des Piéces noires.

A. H. 8. B. C. 6. D. H. 5. E. A. 8. F. B. 7. G. D. 8.
Pions noires. A. 7. E. 2. F. 3.

Situation des Piéces blanches.

A. A. 1. B. E. 6. C. C. 5. D. C. 7. E. G. 1. H. D. 7.
Pions blanches. B. 4. F. 2. G. 3.

Le Jeu.

Les blancs.		Les noires	
	A. A. 7. †		B. A. 7.
	D. B. 8. †		E. B. 8.
	C. D. 6. †		E. C. 8.
	A. C. 7. †		E. B. 8.
	A. C. 5. †		E. A. 8.
	B. C. 7. †		E. B. 8.
	B. D. 5. †		E. A. 8.
	B. B. 6. matte.		

46me Partie.

Situation des Piéces noires.

A. D. 2. B. B. 4. C. D. 6. D. H. 2. E. A. 8.
Pions noires. A. 5. B. 7. C. 7.

Situation des Piéces blanches.

A. B. 1. B. D. 4. D. C. 4. E. F. 1. F. E. 4.
Pions blanches. C. 2. D. 3. F. 3.

Le Jeu.

Les blancs.		Les noires	
	D. A. 6. †		B. A. 6.
	F. B. 7. †		E. A. 7.
	B. C. 6. matte.		

46me Partie.

Situation des Piéces noires.

A. E. 8. B. C. 8. D. H. 3. E. B. 8. F. B. 7.
Pions noires. A. 5. B. 6. E. 6. F. 4. G. 5.

Situation des Piéces blanches.

A. C. 3. B. E. 5. D. C. 6. E. G. 1. F. D. 1.
Pions blanches. A. 2. B. 2. B. 4. F. 2. G. 3.

Le Jeu.

Les Blancs.		Les noires	
	B. D. 7. †		E. A. 7.
	D. B. 7. †		E. B. 7.
	F. F. 3. †		E. A. 6.
	P. B. 5. †		E. B. 5.
	F. E. 2. †		E. B. 4.
	A. C. 4. †		E. B. 5.
	P. A. 4. †		E. A. 6.
	A. C. 7. †		P. B. 5.
	F. B. 5. matte.		

47me Partie.

Situation des Piéces noires.

A. F. 1. B. E. 4. E. C. 8. F. E. 8.
Pions noires. B. 2. C. 3.

Situation des Piéces blanches.

A. B. 7. B. D. 5. C. C. 5. E. B. 6.
Pions blanches A. 6. D. 6.

Le Jeu.

Les Blancs.		Les noires	
	P. D. 7. †		F. D. 7.
	A. B. 8. †		E. B. 8.
	P. A. 7. †		E. A. 8.
	B. C. 7. matte.		

48me

48me Partie.

Situatien des Piéces noires.

A. C. 8. B. F. 5. E. B. 7. F. E. 4. H. G. 2.
Pions noires. B. 5. C. 6. F. 7. G. 4. H. 3.

Situation des Piéces blanches.

A. A. 1. B. C. 7. C. C. 3. E. H. 1. H. E. 7.
Pions blanches B. 4. C. 5. F. 4. G. 3.

Le Jeu.

Les Blancs.		Les noires
B. B. 5. †		B. E. 7.
A. A. 7. †		E. B. 8.
C. E. 5. †		A. C. 7.
C. C. 7. †		E. C. 8.
A. A. 8. †		E. D. 7.
A. D. 8. †		E. E. 6.
A. D. 6. †		E. F. 5.
B. D. 4. matte.		

49me Partie.

Situation des Piéces noires.

A. A. 8. B. D. 7. D. G. 3. E. B. 8. G. F. 4. H. C. 8.
Pions noires. B. 6. E. 6. G. 5. H. 4.

Situation des Piéces blanches.

A. A. 1. B. A. 5. D. A. 3. E. H. 1. F. D. 3. G. B. 3.
Pions blanches. B. 2. B. 5. C. 2. E. 4. F. 3.

Le Jeu.

Les blancs.		Les noires
B. C. 6. †		E. C. 7.
D. A. 7. †		A. A. 7.
A. A. 7. †		E. D. 6.
P. E. 5. †		E. D. 5.
F. E. 4. †		E. C. 4.
A. A. 4. †		E. B. 5.
P. C. 4. †		E. A. 4.
G. C. 5. †		P. C. 5.
F. C. 2. matte.		

50me Partie.

Situation des Piéces noires.

A. A. 8. B. D. 7. D. G. 3. E. B. 8. G. F. 4. H. C. 8.
Pions noires B. 6. E. 6. G. 5. H. 4.

Situation des Piéces blanches.

A. A. 1. B. A. 5. D. A. 3. E. H. 1. F. D. 3. G. B. 3.
Pions blanches. B. 2. B. 5. C. 2. E. 4. F. 3.

Le Jeu.

Les blancs.		Les noirs	
	B. C. 6. †		H. C. 6.
	D. A. 6. †		E. C. 6.
	A. A. 7. †		E. D. 6.
	D. C. 6. †		E. E. 5.
	D. C. 7. †		E. F. 6.
	P. E. 5. †		E. G. 7.
	D. D. 7. †		E. H. 8.
	D. H. 7. matte.		

51me Partie.

Situation des Piéces noires.

B. D. 7. D. G. 3. E. A. 8. F. B. 7. G. F. 7.
Pions noires A. 7. B. 6. C. 5. F. 3.

Situation des Piéces blanches.

B. D. 5. D. C. 7. E. G. 1. F. G. 2. G. E. 7.
Pions blanches. A. 5. B. 4. D. 6. E. 5.

Le Jeu.

Les blancs.		Les noires	
	D. C. 8. †		F. C. 8.
	B. C. 7. †		E. B. 8.
	G. C. 6. †		E. B. 7.
	P. A. 6. †		E. C. 8.
	P. B. 5. matte.		

52me Partie.

Situation des Piéces noires.

A. E. 6. B. C. 6. E. C. 8.
Pion noir. D. 7.

Situation des Piéces blanches.

A. B. 7. E. A. 8.
Pions blanches. A. 6. D. 6.

Le Jeu.

Les blancs. A. B. 8. † Le noirs B. B. 8.
P. A. 7. patt.

53me Partie.

Situation des Piéces noires.

A. C. 8. B. B. 4. C. F. 8. D. H. 4. E. B. 8. P. G. 3. H. H. 8.
Pions noires. A. 7. B. 7. E. 7. G. 4.

Situation des Piéces blanches.

A. E. 1. B. A. 4. C. C. 1. D. G. 6. E. G. 1. F. F. 1. G. C. 5.
Pions blanches. B. 3. C. 4. F. 2.

Le Jeu.

Les blancs.		Les noirs	
	C. F. 4. †		E. A. 8.
	B. B. 6. †		P. B. 6.
	A. A. 1. †.		B. A. 6.
	A. A. 6. †		P. A. 6.
	F. G. 2. †		E. A. 7.
	D. B. 6. †		E. B. 6.
	G. D. 7. †		E. A. 7.
	C. E. matte.		

54me Partie.

Situation des Piéces noires.

B. D. 4. D. G. 4. E. A. 8. F. B. 7. G. F. 5.
Pions noires A. 7. B. 6. G. 3. H. 5.

Situation des Piéces blanches.

B. E. 5. D. F. 7. E. G. 1. F. F. 1. G. E. 8.
Pions blanches A. 4. B. 3. C. 4. D. 6.

Le Jeu.

Les blancs		Les noires	
	G. C. 7. †		E. B. 8.
	D. E. 8. †		F. C. 8.
	G. A. 6. †		E. B. 7.
	F. G. 2. †		E. A. 6.
	D. B. 5. †		B. B. 5.
	P. B. 5. †		E. A. 5.
	B. C. 6. matte.		

55me Partie.

Situation des Piéces noires.

A.D.8. B.C.5. D.H.5. E.B.8. F.C.8. G.G.4. H.H.8.
Pions noires A. 7. B. 7. F. 5. G. 5.

Situation des Piéces blanches.

A.A.1. B.C.4. C.D.2. D.E.3. E.G.1. F.F.1 .H.C.1.
Pions blanches A. 5. F. 2. G. 3.

Le Jeu.

Les blancs		Les noires	
	D. F. 4. †		P. F. 4.
	C. F. 4. †		E. A. 8.
	B. B. 6. †		P. B. 6.
	P. B. 6. †		B. A. 6.
	H. C. 8. †		A. C. 8.
	A. A. 6. †		P. A. 6.
	F. G. 2. matte.		

56me Partie.

Situation des Piéces noires.

A. C. 8. B. B. 5. E. B. 8. G. E. 3. H. E. 2.
Piont noires A. 7. B. 6. F. 4. G. 3.

Situation des Piéces blanches.

A. D. 7. B. E. 5. E. G. 1. F. B. 1. H. G. 7.
Pions blanches D. 4. F. 3. G. 4.

Le Jeu.

Les blancs		Les noires	
	A. B. 7. †		E. A. 8.
	A. B. 8. †		E. B. 8.
	B. D. 7. †		E. C. 7.
	B. C. 5. †		E. D. 8.
	B. E. 6. †		E. E. 8.
	F. G. 6. matte.		

57me Partie.

Situation des Piéces noires.

C. E. 3. E. A. 8.
Pions noires C. 2. D. 7. E. 4.

Situation des Piéces blanches.

C. A. 3. E. C. 7.
Pions blanches B. 5. E. 5.

Le Jeu.

Les blancs		Les noires	
	C. C. 1.		C. C. 1.
	P. B. 6.		C. E. 3.
	P. B. 7. †		E. A. 7.
	P. B. 8. D. †		E. A. 6.
	D. A. 8. †		E. B. 5.
	D. C. 6. †		E. B. 4.
	D. C. 2. ect.		

58me Partie.

Situation des Piéces noires.

C. E. 3. E. A. 8.
Pions noires C. 2. D. 7. E. 4.

Situation des Piéces blanches.

C. A. 3. E. C. 7.
Pions blanches B. 5. E. 5.

Le Jeu.

Les blancs		Les noires	
	C. C. 1.		C. D. 4.
	P. B. 6.		C. E. 5.
	E. C. 8.		P. D. 5.
	C. A. 3.		P. E. 3.
	C. C. 5.		P. C. 1.
	P. B. 7. matte.		

59me Partie.

Situation des Piéces noires.

C. E. 3. E. A. 8.
Pions noires C. 2. D. 7. E. 4.

Situation des Piéces blanches.

C. A. 3. E. C. 7.
Pions blanches B. 5. E. 5.

Le Jeu.

Les blancs		Les noires	
	C. C. 1.		C. D. 4.
	P. B. 6.		C. B. 6.
	E. B. 6.		E. B. 8.
	E. C. 5.		E. C. 7.
	E. D. 5.		E. B. 6.
	E. D. 6.		E. B. 5.
	E. D. 7 ect.		

60me Partie.

Situation des Piéces noires.

C. E. 3. E. A. 8.

Pions noires C. 2. D. 7. E. 4.

Situation des Piéces blanches.

C. A. 3. E. C. 7.

Pions blanches B. 5. E. 5.

Le Jeu.

Les blancs		Les noires	
	C. C. 1.		C. D. 4.
	P. B. 6.		C. B. 6.
	E. B. 6.		E. B. 8.
	E. C. 5.		E. C. 7.
	E. D. 5.		E. D. 8.
	E. D. 6.		E. E. 8.
	C. G. 5.		E. F. 7.
	E. D. 7.		E. G. 6.
	C. C. 1. ect.		

61me Partie.

Situation des Piéces noires.

A. F. 5. D. H. 3. E. B. 8. F. B. 7. H. G. 8.

Pions noires A. 7. B. 6. D. 7. H. 6.

Situation des Piéces blanches.

A. E. 1. B. B. 4. D. E. 4. E. G. 1. F. E. 2.

Pions blanches B. 5. D. 6. G. 3. H. 2.

Le Jeu.

Les blancs		Les noires	
	B. A. 6. †		E. A. 8.
	F. F. 3.		A. F. 3.
	D. E. 8. †		H. E. 8.
	A. E. 8. †		F. C. 8.
	A. C. 8. †		E. B. 7.
	A. B. 8. matte.		

62me Partie.

Situation des Piéces noires.
A. F. 5. D. H. 3. E. B. 8. F. B. 7. H. G. 8.
Pions noires. A. 7. B. 6. D. 7. H. 6.

Situation des Piéces blanches.
A. E. 1. B. B. 4. D. E. 4. E. G. 1. F. E. 2.
Pions blanches B. 5. D. 6. G. 3. H. 2.

Le Jeu.

Les blancs.	Les noires
B. A. 6. †	E. A. 8.
F. F. 3.	A. F. 3.
D. E. 8. †	F. C. 8.
D. G. 8. matte.	

63me Partie.

Situation des Piéces noires.
A. F. 5. D. H. 3. E. B. 8. F. B. 7. H. G. 8.
Pions noires. A. 7. B. 6. D. 7. H. 6.

Situation des Piéces blanches.
A. E. 1. B. B. 4. D. E. 4. E. G. 1. F. E. 2.
Pions blanches. B. 5. D. 6. G. 3. H. 2.

Le Jeu.

Les blancs.	Les noires
B. A. 6. †	E. C. 8.
D. C. 4. †	F. C. 8.
D. G. 8. †	E. B. 7.
D. B. 8. matte.	

Autre manière.

Les blancs.	Les noires,
B. A. 6. †	F. A. 6.
P. A. 6. ect.	

64me Partie.

Situation des Piéces noires.

A. B. 2. B. B. 5. E. B. 8. H. C. 8.
Pion noir. A. 6.

Situation des Piéces blanches.

A. E. 7. B. E. 5. E. E. 1. H. H. 1.
Pion blanc. B. 6.

Le Jeu.

Les Blancs		Les noires	
Les Blancs	H. H. 8.	Les noires	H. H. 8.
	B. C. 6. †		E. C. 8.
	P. B. 7. matte.		

Autre manière.

Les Blancs		Les Noires	
Les Blancs	H. H. 8.	Les Noires	B. D. 6.
	B. C. 6. †		E. A. 8.
	A. A. 7. matte.		

65me Partie.

Situation des Piéces noires.

A. B. 2. B. B. 5. E. B. 8. H. C. 8.
Pion noir. A. 6.

Situation des Piéces blanches.

A. E. 7. B. E. 5. E. E. 1. H. H. 1.
Pion blanc. B. 6.

Le Jeu.

Les Blancs.		Les noires	
Les Blancs.	H. H. 8.	Les noires	A. C. 2.
	B. D. 7. †		E. A. 8.
	P. B. 7. †		E. B. 7.
	B. C. 5. †		E. B. 6.
	A. B. 7.		E. A. 5.
	H. C. 8.		A. H. 2.
	H. C. 6. etc.		

66mé Partie.

Situation des Piéces noires.

A. H. 8. D. E. 4. E. B. 8. F. C. 8. H. H. 6.

Pions noires B. 6. C. 5. C. 7. F. 4. G. 6.

Situation des Piéces blanches.

A. G. 7. B. B. 5. D. C. 4. E. H. 2. G. D. 4.

Pion blanches, A. 6. B. 4. H. 3.

Le Jeu.

Les Blancs	P. A. 7. †	Les noires	E. A. 8.
	D. D. 5. †		D. D. 5.
	B. C. 7. †		E. A. 7.
	B. D. 5. †		E. A. 6.
	B. G. 7. †		E. B. 7.
	B. B. 5. †		E. A. 8.
	A. A. 7. †		E. B. 8.
	G. C. 6. matte.		

67me Partie.

Situation des Piéces noires.

A. B. 1. B. F. 6. E. A. 4.

Pions noires A. 2. B. 3.

Situation des Piéces blanches.

A. F. 1. B. A. 5. E. B. 6.

Pion blanc. G. 7.

Le Jeu.

Les Blancs	A. F. 4. †	Les noires	E. A. 3.
	B. C. 4. †		E. B. 4.
	B. D. 6. †		E. A. 3.
	B. B. 5. †		E. B. 2.
	A. F. 2.		E. C. 1.
	A. F. 6.		P. A. 1.
	A. C. 6.		E. D. 1.
	P. G. 8. ect.		

68 me Partie.

Situation des Piéces noires.

A. B. 1. B. F. 6. E. A. 4.

Pions noires A. 2. B. 3.

Situation des Piéces blanches.

A. F. 1. B. A. 5. E. B. 6.

Pion blanc. G. 7.

Le Jeu.

Les Blancs		Les noires	
	A. F. 4. †		E. A. 3.
	B. C. 4. †		E. B. 4.
	B. D. 6. †		E. C. 3.
	B. E. 4. †		E. C. 2.
	B. F. 6.		A. G. 1.
	B. G. 4		P. A. 1.
	P. G. 8. ect.		

---

69 me Partie.

Situation des Piéces noires.

A. B. 1. B. F. 6. E. A. 4.

Pions noires A. 2. B 3.

Situation des Piéces blanches.

A. F. 1. B. A. 5. E. B. 6.

Pion blanc. G. 7.

Le Jeu.

Les Blancs		Les noires	
	A. F. 4. †		E. A. 3.
	B. C. 4. †		E. B. 4.
	B. D. 6. †		E. A. 3.
	B. B. 5. †		E. B. 2.
	A. F. 2. †		E. A. 1.
	A. F. 6.		A. G. 1.
	A. F. 1. etc.		

70me Partie.

Situation des Piéces noires.
A. C. 8. B. C. 5. E. A. 7. G. G. 5. H. F. 1.
Pions noires A. 6. D. 2. D. 6. H. 6.
Situation des Piéces blanches.
A. B. 4. E. C. 6. F. D. 5. H. G. 7.
Pions blanches A. 5. C. 7. E. 4.

Le Jeu.

Les blancs A. B. 8. † Les noires A. B. 8.
P. C. 8. † E. A. 8.
H. A. 7. matte.

Autre manière.

Les blancs. A. B. 8. Les noires H. F. 8.
A. A. 8. † E. A. 8.
E. B. 6. matte.

71me Partie.

Situation des Piéces noires.
A. C. 8. B. C. 5. E. A. 7. G. G. 5. H. F. 1.
Pions noires A. 6. D. 2. D. 6. H. 6.
Situation des Piéces blanches.
A. B. 4. E. C. 6. F. D. 5. H. G. 7.
Pions blanches A. 5. C. 7. E. 4.

Le Jeu.

Les Blancs. A. B. 8. Les noires H. F. 8.
A. A. 8. † H. A. 8.
P. C. 8. † H. F. 7.
H. F. 7. † G. F. 7.
D. C. 7. matte.

72me Partie.

Situation des piéces noires.

B. H. 3. C. G. 5. D. E. 5. E. G. 8.

Pions noires. B. 3. F. 4.

Situation des piéces blanches.

A. C. 7. C. C. 1. E. H. 5. H. F. 1.

Pion blanc. H. 6.

Le Jeu.

Les Blancs	P. H. 7. †	Les noires	E. H. 8.
	C. B. 2.		D. B. 2.
	H. E 1. etc.		

Autre manière.

Les Blancs.	P. H. 7. †	Les noires	E. F. 8.
	H. E. 1. etc.		

74me Partie.

Situation des piéces noires.

A. A. 8. B. C. 6. D. H. 4. E. B. 8. F. B. 7. G. G. 3. H. H. 6.

Pions noires. A. 7. B. 6. C. 7. F. 4. G. 5.

Situation des piéces blanches.

A. E. 1. B. F. 8. D. E. 4. E. G. 1. F. G. 2. H. F. 1.

Pions blanches. A. 5. C. 3. D. 3.

Le Jeu.

Les Blancs	D. E. 8. †	Les noirs	F. C. 8.
	B. D. 7. †		E. B. 7.
	P. A. 6. †		E. A. 6.
	B. C. 5. †		P. C. 5.
	D. C. 6. †		A. C. 6.
	A. A. 1. †		F. B. 7.
	H. B. 1. matte.		

75me Partie.

Situation des piéces noires.
A. A. 8. B. C. 6. D. H 4. E. B. 8. F. B 7. G. G. 3. H. H. 6.
Pions noires A. 7. B. 6. C. 7. F. 4 G. 5.

Situation des piéces blanches.
A. E. 1. B. F. 8. D. F. 4. E. G. 1. F. G. 2. H. F. 1.
Pions blanches. A. 5. C. 3. D. 3.

Le Jeu.

Les Blancs.		Les noires	
	D. E. 8. †		F. C. 8.
	B. D. 7. †		E. B. 7.
	P. A. 6. †		E. A. 6.
	B. C. 5. †		E. B. 5.
	F. C. 6. †		E. C. 5.
	A. E. 5. †		E. D. 6.
	A. H. 5. matte.		

76me Partie.

Situation des piéces noires.
A. D. 8. B. F. 3. E. A. 8. H. H. 8.
Pions noires, G. 3. H. 2.

Situation des piéces blanches.
A. B. 7. E. B. 6. F. A. 2. H. D. 5.
Pion blanc. A. 7.

Le Jeu.

Les Blancs.		Les noires	
	A. H. 7. †		H. F. 8.
	H. D. 8. †		H. D. 8.
	F. D. 5. †		H. D. 5.
	A. H. 8. matte.		

77me Partie.

Situation des Piéces noires.

A. D. 8. B. D. 4. E. A. 8. H. E. 8.
Pions noires D. 2. E. 3.

Situation des Piéces blanches.

A. C. 1. B. E. 5. C. A. 3. E. A. 6.
Pion blanc. B. 6.

Le Jeu.

Les Blancs		Les noires
	A. C. 8. †	A. C. 8.
	P. B. 7. †	E. B. 8.
	C. D. 6. †	A. C. 7.
	B. D. 7. matte.	

78me Partie.

Situation des Piéces noires.

A. D. 7. B. B. 8. C. E. 5. E. C. 4. F. B. 5. G. C. 6.
Pions noires. B. 4. C. 3.

Situation des Piéces blanches.

A. D. 3. B. B. 3. E. B. 6. F. G. 6. G. C. 8.
Pions blanches C. 2. E. 4.

Le Jeu.

Les Blancs		Les noires
	F. F. 7 †	A. F. 7.
	G. D. 7. †	C. D. 6.
	A. D. 4 †	G. D. 4.
	B. A. 5. matte.	

79me Partie.

Situation des Piéces noires.

A. A. 8. E. D. 7.
Pions noires G. 3. H. 4.

Situation des Piéces blanches.

A. C. 6. E. D. 5.
Pion blanc. G. 7.

Le Jeu.

Les Blancs	A. A. 6.	Les noires	A. A. 6.
	P. G. 8. etc.		

Autre manière.

Les Blancs.	A. A. 6.	Les noires	A. G. 8.
	A. A. 7.		E. E. 8.
	E. E. 6. etc.		

80me Partie.

Situation des Piéces noires.

A. A. 8. E. D. 7.
Pions noires. G. 3. H. 4.

Situation des Piéces blanches.

A. C. 6. E. D. 5.
Pion blanc. G. 7.

Le Jeu.

Les Blancs	A. A. 6.	Les noires	P. G. 2.
	A. A. 8.		P. G. 1.
	P. G. 8. etc.		

81me

81me Partie.

Situation des piéces noires.
A. B. 6. E. A. 1.
Pions noires. A. 2. G. 5. H. 6.

Situation des piéces blanches.
A. E. 4. E. C. 2.
Pion blanche G. 4.

Le Jeu.

Les Blancs.	A. E. 1. †	Les noires	A. B. 1.
	A. C. 1.		P. H. 5.
	P. H. 5. matte.		

82me Partie.

Situation des piéces noires.
A. H. 8. B. A. 4. D. H. 4. E. B. 8. F. B. 7.
Pions noires. A. 6. B. 5. C. 7. E. 3. F. 4.

Situation des piéces blanches.
A. C. 1. B. D. 5. D. E. 5. E. G. 2. F. F. 3.
Pions blanches. A. 5. B. 4. E. 2. G. 4.

Le Jeu.

Les Blancs	D. C. 7. †	Les noires	E. A. 7.
	D. B. 7. †		E. B. 7.
	B. B. 6. †		E. B. 8.
	B. D. 7. †		E. B. 7.
	A. C. 7. matte.		

83me Partie.

Situation des Pieces noires.

A. H. 8. B. A. 4. D. H. 4. E. B. 8. F. B. 7.
Pions noires A 6. B. 5. C. 7. E. 3. F. 4.

Situation des Piéces blanches.

A. C. 1. B. D. 5. D. E. 5. E. G. 2. F. F. 3.
Pions blanches. A. 5. B. 4. E. 2. G. 4.

Le Jeu.

Les Blancs		Les noires
D. C. 7. †		E. A. 7.
D. B. 7. †		E. B. 7.
B. B. 6. †		E. A. 7.
A. C. 7. †		E. B. 8.
A. B. 7. matte.		

84me Partie.

Situation des Piéces noires.

A. H. 3. E. A. 7. F. G. 4. H. H. 8.
Pions noires A. 6. B. 7. F. 3.

Situation des Piéces blanches.

A. C. 1. B. D. 4. C. E. 3. E. G. 1.
Pions blanches A. 5. C. 7. F. 2.

Le Jeu.

Les Blancs		Les noires
B. F. 5. †		P. B. 6.
P. B. 6. †		E. A. 8.
P. C. 8. †		H. C. 8.
A. C. 8. †		E. B. 7.
B. D. 6. matte.		

85me Partie.

Situation des Piéces noires.

A. H. 3. E. A. 7. F. G. 4. H. H. 8.

Pions noires A. 6. B. 7. F. 3.

Situation des Piéces blanches.

A. C. 1. B. D. 4. C. E. 3. E. G. 1.

Pions blanches A. 5. C. 7. F. 2.

Le Jeu.

Les Blancs		Les noires	
	B. F. 5. †		P. B. 6.
	P. B. 6. †		E. B. 7.
	B. D. 6. †		E. A. 8.
	P. B. 7. matte.		

86me Partie.

Situation des Piéces noires.

B. B. 4. D. F. 7. E. G. 8.

Poins noires C. 3. F. 6. G. 7. H. 7.

Situation des Piéces blanches.

A. E. 1. B. F. 5. E. G. 3. F. C. 2.

Pions blanches. F. 3. G. 4. H. 4.

Le Jeu.

Les Blancs		Les noires	
	F. B 3.		D. B. 3.
	A. E. 8.		E. F. 7.
	B. D. 6.		E. G. 6.
	P. H. 5.		E. G. 5.
	P. F. 4.		E. H. 6.
	B. F. 5. matte.		

87me Partie.

Situation des Piéces noires.

B. B. 4. D. F. 7. E. G. 8.
Pions noires C. 3. F. 6. G. 7. H. 7.

Situation des Piéces blanches.

A. E. 1. B. F. 1. E. G. 3. F. C. 2.
Pions blanches. F. 3. G. 4. H. 4.

Le Jeu.

Les Blancs.		Les Noirs	
	F. B. 3.		B. D. 5.
	F. D. 5.		D. B. 5.
	B. E. 7. etc.		

88me Partie.

Situation des Piéces noires.

E. D. 8. F. E. 6.
Pions noires B. 2. C. 3.

Situation des Piéces blanches.

B. A. 8. E. D. 6.
Pions blanches. C. 6. H. 4.

Le Jeu.

Les Blancs.		Les Noirs	
	P. C. 7. †		E. C. 8.
	B. B. 6. †		E. B. 7.
	E. E. 6.		P. B. 1.
	P. C. 8.		E. B. 6.
	D. B. 8. etc.		

89 me Partie.

Situation des Piéces noires.

E. D. 8. F. E. 6.
Pions noires. B. 2. C. 3.

Situation des Piéces blanches.

B. A. 8. E. D. 6.
Pions blanches. C. 6. H. 4.

Le Jeu.

Les blancs.		Les noires	
	P. C. 7. †		E. C. 8.
	B. B. 6. †		E. B. 7.
	E. E. 6.		E. C. 7.
	B. D. 5.		E. C. 6.
	B. C. 3.		

---

90 me Partie.

Situation des Piéces noires.

A. E. 7. B. A. 4. C. C. 5. D. D. 5. E. G. 8.
H. F. 8.
Pions noires. B. 6. E. 4. G. 6.

Situation des Piéces blanches.

A. F. 1. B. H. 4. D. E. 3. E. G. 2. H. H. 6.
Pions blanches. B. 5. G. 3.

Le Jeu.

Les blancs.		Les noires	
	H. H. 8. †		E. H. 8.
	D. H. 6. †		A. H. 7.
	A. F. 8. †		C. F. 8.
	D. F. 8. †		D. G. 8.
	B. G. 6. matte.		

91 me

91 me Partie.

Situation des Piéces noires.
A. B. 7. B. C. 4. D. C. 5. E. G. 7. H. H. 8.
Pions noires A. 6. B. 4. E. 6. F. 7. G. 6.

Situation des Piéces blanches.
A. D. 1. B. F. 6. D. C. 3. E. B. 1. H. H. 1.
Pions blanches. A. 2. B. 2. E. 5. F. 4. H. 5.

Le Jeu.

Les blancs.		Les noirs	
	P. H. 6. †		H. H. 6.
	H. H. 6.		P. C. 3.
	H. H. 7. †		E. F. 8.
	A. D. 8. †		E. E. 7.
	A. E. 8. matte.		

---

92 me Partie.

Situation des Piéces noires.
A. B. 7. B. C. 4. D. C. 5. E. G. 7. H. H. 8.
Pions noires A. 6. B. 4. E. 6. F. 7. G. 6.

Situation des Piéces blanches.
A. D. 1. B. F. 6. D. C. 3. E. B. 1. H. H. 1.
Pions blanches. A. 2. B. 2. E. 5. F. 4. H. 5.

Le Jeu.

Les blancs.		Les noires	
	P. H. 6. †		E. F. 8.
	A. D. 8. †		E. E. 7.
	A. H. 8.		D. C. 6.
	D. C. 4.		D. H. 1.
	D. C. 1.		

93me Partie.

Situation des Piéces noires.
A. F. 6. B. F. 5. D. H. 6. E. H. 8.
Pions noires B. 4. C. 2. G. 7. H. 5.

Situation des Piéces blanches.
A. A. 6. D. C. 7. E. H. 3. F. C. 4.
Pions blanches, A. 4. B. 2. F. 3. C. 2.

Le Jeu.

Les blancs		Les noires	
	D. C. 8. †		E. H. 7.
	F. F. 7.		A. F. 7.
	A. H. 6. †		B. H. 6.
	D. C. 2. etc.		

94me Partie.

Situation des Piéces noires.
A. C. 6. C. H. 6. D. E. 6. E. C. 8. H. E. 8.
Pions noires C. 3. F. 3.

Situation des Piéces blanches.
A. A. 7. B. D. 5. D. B. 5. E. A. 2.
Pions blanches. B. 2 H. 2.

Le Jeu.

Les blancs		Les noires	
	D. B. 7.		E. D. 8.
	A. A. 8.		A. C. 8.
	D. C. 7. matte.		

95 me Partie.

Situation des Piéces noires.
A. A. 8. G. H. 6. D. G. 2. E. H. 8. H. H. 2.
Pions noires G. 7. H. 7.

Situation des Piéces blanches.
A. F. 1. B. G. 5. C. C. 1. D. F. 7. E. E. 1.
Pions blanches. D. 5. F. 6.

Le Jeu.

Les blancs.		Les noires	
	D. G. 8. †		E. G. 8.
	P. F. 7. †		E. F. 8.
	C. A. 3. †		A. A. 3.
	B. E. 6. †		E. E. 7.
	P. F. 8. †		E. D. 7.
	A. F. 7. matte.		

96 me Partie.

Situation des Piéces noires.
A. A. 2. B. D. 4. C. C. 5. E. H. 8. H. C. 2.
Pions noires B. 6. G. 7. H. 7.

Situation des Piéces blanches.
A. F. 3. B. E. 5. E. E. 1. F. G. 2. H. H. 1.
Pions blanches B. 5. G. 4. H. 5.

Le Jeu.

Les blancs		Les noires	
	A. F. 8. †		C. F. 8.
	B. G. 6. †		P. G. 6.
	P. G. 6.		E. G. 8.
	F. D. 5. matte.		

97 me

97me Partie.

Situation des Piéces noires.

A. F. 8. D. B. 7. E. F. 7. H. G. 8.

Pions noires. F. 6. G. 7.

Situation des Piéces blanches.

A. A. 1. B. H. 7. E. G. 1. F. B. 3. H. E. 2.

Pions blanches. C. 4. F. 4. G. 4.

Le Jeu.

Les blancs.		Le noirs	
	A. A. 7.		D. A. 7.
	P. C. 5. †		E. G. 6.
	P. F. 5. †		E. H. 7.
	H. H. 2. matte.		

---

98 me Partie.

Situation des Piéces noires.

A. A. 5. B. D. 8. E. E. 5. F. D. 5. H. B. 1.

Pions noires. A. 2. D. 6. F. 6. G. 6.

Situation des Piéces blanches.

A. D. 1. B. E. 3. E. G. 2. H. H. 8.

Pions blanches. E. 2. F. 3. G. 3. H. 2.

Le Jeu.

Les blancs.		Les noirs	
	H. E. 8. †		B. E. 6.
	B. G. 4. †		E. F. 5.
	A. D. 5. †		A. D. 5.
	P. E. 4. †		E. G. 5.
	P. H. 4. †		E. H. 5.
	H. H. 8. matte.		

99me Partie.

Situation des Piéces noires.
A. D. 7. D. H. 3. E. H. 7. F. B. 7. H. F. 8.
Pions noires A. 7. B. 6. G. 6. H. 4.

Situation des Piéces blanches.
A. F. 1. B. G. 4. C. B. 2. D. E. 5. E. G. 1.
Pions blanches B. 5. C. 4. G. 5.

Le Jeu.

Les blancs		Les noires
D. H. 8.		H. H. 8.
B. F. 6.		E. G. 7.
B. D. 7.		E. G. 8.
A. F. 8.		E. H. 7.
A. F. 7.		E. G. 8.
A. G. 7. matte.		

100me Partie.

Situation des Pièces noires.

B. A. 4. E. A. 1. G. C. 3.
Pions noires A. 2. F. 4.

Situation des Pièces blanches.

C. G. 1. E. C. 1.
Pion blanc.

Le Jeu.

Les blancs		Les noires	
	C. D. 4.		B. B. 2.
	E. C. 2.		B. D. 1.
	C. G. 7.		B. E. 3.
	E. C. 1.		B. D. 1.
	C. E. 5.		B. B. 2.
	E. C. 2.		B. D. 1.
	C. F. 4.		B. B. 2.
	C. E. 5.		B. D. 1.
	P. F. 4.		B. E. 3.
	E. C. 1.		B. D. 1.
	P. F. 5.		B. B. 2.
	E. C. 2.		B. D. 1.
	P. F. 6.		B. E. 3.
	E. C. 1.		B. D. 1.
	P. F. 7.		B. B. 2.
	E. C. 2.		B. D. 1.
	P. F. 8. etc.		

Solution d'une question curieuse, qui ne paroit soumise à aucune analyse. A l'occasion du jeu d'échecs, quelqu'un proposa cette question.

> De parcourir avec un Cavalier toutes les cases d'un échiquier, sans revenir jamais deux fois à la même, et en commençant par une case donnée.

On mettoit pour cela des jettons sur toutes les 64 cases de l'échiquier, à l'exception de celle d'où le Cavalier devoit commencer sa route, et de chaque case où le Cavalier passoit conformement à sa marche, on ôtoit le jetton, de sorte qu'il s'agissoit d'enlever de cette façon successivement tous les jettons. Il falloit donc éviter d'un coté, que le cavalier ne revint jamais à une case vuide, et d'un autre coté, il falloit diriger sa course de façon qu'il parcourut enfin toutes les cases. Ceux qui croyoient cette question aisée, firent plusieurs essais inutiles, sans pouvoir atteindre au but; après quoi celui qui avoit proposé la question, ayant commencé par une case donnée, a sçu si bien diriger la route, qu'il a heureusement enlevé tous les jettons. Cependant la multitude des cases ne permet pas qu'on ait pu imprimer à la memoire la route qu'il avoit suivie, et ce n'a été qu'après plusieurs essais que j'ai enfin rencontré une telle route, qui satisfait à la question, encore ne reussit-elle qu'au moyen d'une certaine case initiale. Je ne me souviens plus si on lui a laissé la liberté de la choisir lui-même, mais il a très positivement assuré, qu'il étoit en état de l'executer, quelle que fut la case par laquelle il commenceroit. . . . .

Voici

Voici la route trouvée par M.

42.	59.	44.	9.	40.	21.	46.	7.
61.	10.	41.	58.	45.	8.	39.	20.
12.	43.	60.	55.	22.	57.	6.	47.
53.	62.	11.	30.	25.	28.	19.	38.
32.	13.	54.	27.	56.	23.	48.	5.
63.	52.	31.	24.	29.	26.	37.	18.
14.	33.	2.	51.	16.	35.	4.	49.
1.	64.	15.	34.	3.	50.	17.	36.

Vous voyez que cette route eſt aiſée quand on veut commencer par la caſe 64. et de la paſſer ſucceſſivement par les caſes 63. 62. 61. cet. et vous comprenez qu'après avoir parcouru toutes les caſes de l'échiquier, le cavalier vient ſe repoſer à celle du coin. 1. Il eſt vrai que ce n'eſt pas la tout à fait la ſolution du probleme, et que quand on veut commencer par toute autre caſe donnée, il faut néceſſairement chercher par de nouveaux eſſais, une route differente, et qui commence à la caſe donnée. C'eſt cette ſeconde route qui eſt penible, c'eſt celle-là qui eſt très épineuſe, et capable d'impatienter le plus profond Geométre. M. avoue que la ſolution de ce probleme lui a couté les plus profonds meditations. Il l'a trouvée cependant, et voici comme il a raiſonné. J'y parviendrai, ſi je trouve une route ou la derniere caſe marquée par 64. ſoit eloignée de la 1ere d'un ſaut de cavalier, enſorte qu'il puiſſe ſauter de la derniere ſur la premiere. Dès que M. a trouvé cette route ren-

trante

trante en elle-même, il n'a plus douté qu'il ne put faire partir ſon cavalier de quelque caſe que ce fut, et de là continuer ſa courſe ſuivant l'ordre des nombres, jusqu'à la caſe marquée 64. d'où en ſautant à la caſe 1. il achevera ſa courſe jusqu'à la caſe d'où il étoit parti.

Voici dans quel ordre il faut ranger les caſes pour trouver cette route rentrante en elle-même.

42.	57.	44.	9.	40.	21.	46.	7.
55.	10.	41.	58.	45.	8.	39.	20.
12.	43.	56.	61.	22.	59.	6.	47.
63.	54.	11.	30.	25.	28.	19.	38.
32.	13.	62.	27.	60.	23.	48.	5.
53.	64.	31.	24.	29.	26.	37.	18.
14.	33.	2.	51.	16.	35.	4.	49.
1.	52.	15.	34.	[illegible]	50.	17.	36.

Etudiez bien cette route, et l'ordre dans lequel les caſes ſont [illegible]

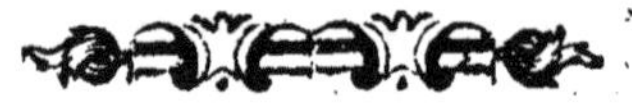

www.ingramcontent.com/pod-product-compliance
Ingram Content Group UK Ltd.
Pitfield, Milton Keynes, MK11 3LW, UK
UKHW021630260726
13994UKWH00003B/1150